MÉMOIRE

SUR

CETTE QUESTION

POLITIQUE ET MILITAIRE:

Est-il de l'intérêt de la France de conserver Mayence en état de forteresse?

A PARIS,

De l'Imprimerie de CH. FR. CRAMER, rue des Bons-Enfans, n°. 12.

AN IX.

MÉMOIRE

SUR

CETTE QUESTION

POLITIQUE ET MILITAIRE:

Est-il de l'intérêt de la France de conserver Mayence en état de forteresse?

PARMI les villes principales acquises à la France sur la frontière du Rhin, et réunies à la République, Mayence est, sans contredit, et sous tous les rapports, une des plus intéressantes. Placée au confluent du Rhin et du Mein, au centre de la navigation entre la Hollande et la Suisse, elle est des plus propres au com-

La sûreté de l'état est la seule considération d'après laquelle la question doit être décidée.

merce, et son intérêt particulier demande d'y être principalement consacrée. Mais il importe au gouvernement de ne point s'arrêter à cette considération seule; il faut qu'il pèse encore, si, pour la sûreté de la République, on ne doit pas préférer de conserver Mayence en état de forteresse.

Cette question est d'une grande importance et mérite d'être appronfondie.

De Bâle à Nimwègue s'étend une ligne de plus de cent soixante lieues, devenue, par nos conquêtes, la limite imposante entre la République française et l'Empire germanique. L'intérêt du gouvernement est tout à la fois d'assurer à jamais cette frontière contre les invasions des étrangers, et de se ménager les moyens de pouvoir en partir avec sécurité, pour, s'il le fallait, prévenir leurs intentions hostiles, et porter la guerre dans leurs propres états.

Pour arriver à ce but, il faut à la tranquillité intérieure joindre des armées et des forteresses.

La tranquillité intérieure des contrées conquises se conservera facilement si nous sommes justes à l'égard de leurs habitans, si nous savons les rendre plus heureux que sous leurs anciens gouvernemens, et si enfin nous protégeons chez eux les vertus, les arts, le commerce et l'agriculture.

Nos armées se recruteront par la conscription, qui grossira nos phalanges, et perpétuera le renouvellement de nos défenseurs.

Pour couvrir une frontière, il faut un système combiné dans la construction et dans l'emplacement des forteresses.

A l'égard des forteresses, leur établissement et leur conservation doivent être soumis à un système combiné.

Il est généralement reconnu qu'une et même quelques forteresses isolées, sur une frontière d'une étendue considérable, n'y produiront jamais de grands avantages pour la sûreté du pays, et qu'on aurait tort d'évaluer le mérite des places fortes sous le seul point de vue de leur défense locale. Ce n'est qu'en considérant les forteresses, comme les moyens les plus propres à seconder les armées dans leurs opérations, dont à leur tour elles doivent être secourues, qu'elles deviennent propres à garantir les états contre l'invasion d'un ennemi puissant. Mais pour obtenir cet enchaînement nécessaire, entre les places fortes et les armées, il faut couvrir les frontières par un certain nombre de forteresses construites et placées avec unité d'intention, afin qu'elles puissent remplir ce but.

Les hommes les plus instruits dans l'art de la guerre conviennent qu'il faut trois lignes de forteresses pour couvrir une frontière étendue, ouverte, d'un accès facile, et exposée aux attaques d'un ennemi formidable. Ils veulent que l'emplacement de ces forteresses soit tel, que l'ennemi ne puisse les laisser en arrière sans compromettre la sûreté de ses communications, et ils proposent, pour cet effet, qu'elles ne soient éloignées, l'une de l'autre, qu'à une distance de six à huit lieues, et placées, à moins que des circonstances majeures ne s'y opposent, de manière que les forteresses de seconde ligne répondent aux intervalles de celles de première ligne.

Pour que les troupes répandues sur plusieurs points d'une frontière, dont la défense leur est confiée, puissent se réunir, lorsque l'ennemi est parvenu à faire une irruption; pour qu'une armée trop faible, mais placée avantageusement sous la protection des forteresses de seconde ligne, gagne le tems nécessaire pour se renforcer et prendre l'offensive, il faut que les forteresses de première ligne ne soient pas seulement susceptibles d'arrêter quelques efforts de l'ennemi, mais que leur force soit telle qu'elle l'oblige à des sièges longs et pénibles.

Il faut encore que les forteresses de première ligne soient toujours dans un parfait état de défense, et pourvues de tout ce qu'il leur faut pour une résistance opiniâtre, étant exposées à être attaquées, dès le moment d'une déclaration de guerre, dont souvent l'ennemi a le talent de faire les préparatifs de longue main et en secret.

Il faut aussi que l'extension des places de première ligne soit proportionnée aux forces que nous pourrons destiner à leur défense. Car, comme nous l'avons déjà observé, les forteresses ne sont bonnes qu'autant qu'elles peuvent être secourues par des armées, ce qui devient impossible, si ces dernières sont trop affaiblies par de grosses garnisons, et inférieures aux forces de l'ennemi.

Ces différentes considérations nous conduisent naturellement à la conclusion que les places d'une extension moyenne, couvertes par des ouvrages d'une forte résistance, sans présenter un trop grand développement, les places dont la défense demeure indépendante de tout accident qui puisse l'obliger à une reddition prématurée; en un mot, les *places purement forteresses* seront les plus propres pour être en première ligne.

Nous observons encore que, lorsqu'une frontière est ceinte par un fleuve ou une rivière considérable, il ne faut pas que les forteresses de première ligne soient placées immédiatement sur son bord, mais à une distance au moins de deux mille à deux mille cinq cents toises (4500 mètres) de la rive opposée. Les raisons en sont si palpables, que nous croyons inutile de les développer. Pour ne pas perdre le commandement du fleuve, c'est-à-dire, la faculté de protéger ou d'intercepter la navigation, il suffit d'y placer de petits forts, complettement garantis contre les bombes et contre une attaque de vive force, et renfermant une artillerie suffisante. Ces dispositions seront encore plus avantageuses, si, par des canaux navigables, ces forts sont liés aux forteresses, et que ces dernières renferment des bassins assez spacieux pour contenir les bateaux et les vaisseaux de commerce, ainsi que les pontons nécessaires à l'exécution des passages du fleuve sur plusieurs points.

Nous nous dispensons d'entrer dans les mêmes détails sur les forteresses de seconde et troisième ligne, comme moins directement liées à l'objet que nous nous sommes proposés de traiter ; nous observons seulement que les forteresses de seconde ligne, moins exposées à des attaques imprévues, sont susceptibles d'une plus grande extension que celles de première ligne, et qu'elles peuvent par conséquent être villes et forteresses en même tems.

Quant aux forteresses de troisième ligne, on doit les regarder comme de grands entrepôts militaires, renfermant des hôpitaux, des magasins de vivres et de munitions, des équipages, des ateliers et des arseneaux. Elles doivent, lorsque la sûreté de l'état est menacée, servir de points de réunion aux troupes qui, sous leur protection s'acroissent à une force propre à leur faire prendre l'offensive. Le nombre et l'emplacement de ces places nous paraît moins assujetti aux règles qu'on a proposées pour les forteresses de première et seconde ligne ; il suffit qu'elles soient situées de manière que l'ennemi ne puisse pénétrer plus en avant sans en être maître, et qu'elles puissent, par des communications faciles avec l'intérieur et les frontières, alimenter les armées, ainsi que les forteresses plus avancées, de tout ce qui leur est nécessaire. Si les situations locales permettent d'établir la navigation entre les places de troisième ligne et celles de seconde et première, et de lier encore ces dernières par un canal tracé parallèlement à la ligne, on pourra se flatter d'avoir atteint un degré de force capable de faire perdre à l'ennemi le plus entreprenant, l'idée même d'une invasion, en nous ménageant en même tems tous les moyens de nous porter chez lui.

Application des principes établis à l'examen de l'utilité que présente Mayence comme forteresse.

La bonté de ces dispositions, pour couvrir la frontière d'un pays exposé aux invasions par sa nature et sa position, est si évidente, que nous croyons pouvoir les établir en principe, dans l'examen de la question que nous nous sommes proposée, et nous commençons à considérer

Mayence sous le point de vue de sa force directe.

a) Par sa force directe.

La place de Mayence est limitrophe du Rhin, qui baigne ses remparts, et elle a la forme de la moitié d'un cercle dont la rive gauche de ce fleuve fait le diamètre. Sa population, actuellement de beaucoup diminuée, était, avant la guerre, de trente-cinq à trente-six mille habitans; mais l'extension de cette ville permettrait de la porter à cinquante mille et plus. L'emplacement de Mayence est une pente dominée par diverses hauteurs, lesquelles se trouvent encore commandées par d'autres: pour les occuper, au moins en partie, on a été obligé de joindre à l'enceinte de la place, des forts, et d'autres ouvrages détachés dont les coalisés, dans cette dernière guerre, ont considérablement augmenté le nombre sans pourtant remédier aux inconvéniens que présente le terrein; on peut dire que ces derniers sont tels que jamais l'art ne pourrait parvenir à rendre la résistance de cette forteresse proportionnée aux dépenses que demandent son entretien et son approvisionnement, et au nombre de troupes indispensables à sa défense.

Quoique le passage d'un fleuve soit bien difficile à l'ennemi, si la rive opposée lui présente une chaîne de forteresses placées près les points les plus abordables, et à des distances qui lui font risquer d'être surpris dans cette tentative, par des forces assez considérables pour déjouer ses projets ; ce n'est pas la même chose si la frontière, quoique couverte par un grand fleuve, se trouve dépourvue de cette chaîne de forteresses. Les troupes dispersées sur une longue ligne, chargées de garder un grand nombre de points, sont alors par-tout trop faibles pour résister au premier choc de l'ennemi qui, réuni en force sur le point de passage, a su le cacher par de fausses démonstrations, et, avant que l'on parvienne à rassembler ses troupes, il a le tems de s'établir d'une manière assez formidable pour nous repousser.

Mayence, comme la seule place forte sur le Rhin, depuis Strasbourg jusqu'à Nimwègue, c'est-à-dire, sur une ligne de plus de cent vingt lieues, devient donc presque nulle, toutes les fois que les forces de l'ennemi, supérieures aux nôtres, lui permettent de tenter un passage, qu'il est libre d'exécuter à une distance telle que ses communications ne puissent être interceptées par la garnison de cette place, et en cas qu'il en eût quelque chose à craindre, de détacher un corps pour l'investir, ce qui lui devient d'autant plus facile, que Mayence l'est déjà du côté du Rhin, par sa position même. Au reste, l'expérience a prouvé que l'on parvient presque toujours à observer et même à bloquer une forteresse isolée et sans appui, avec moins de troupes qu'elle n'en renferme, parce que ces dernières, ne pouvant s'éloigner de la place qu'en partie, n'opposent nécessairement à l'ennemi qu'une force inférieure à la sienne.

b) Dans sa liaison avec d'autres places.

Cet exposé doit suffire pour juger du

degré d'utilité dont peut être considérée Mayence, comme forteresse dans son état d'isolement. Examinons actuellement les avantages que présente Mayence, comme place de première ligne, faisant partie d'un système de forteresses, tel que nous l'avons proposé au commencement de ce mémoire.

Pour couvrir la rive gauche du Rhin, qui, de toutes nos frontières, demande le plus notre attention, il faudrait seulement dix-huit à vingt forteresses de première ligne, entretenues en tout tems dans le meilleur état, et pourvues de tout ce qui leur est nécessaire à une défense opiniâtre. C'est encore sur le Rhin qu'en tems de guerre il nous faut le plus de troupes ; mais c'est aussi sur une grande partie de cette ligne, que l'on trouve le plus de difficultés pour alimenter les armées et les garnisons.

On se convaincra de cette dernière vérité, en considérant que dans le cas d'une guerre avec l'Allemagne, la navigation du Rhin se trouve presque toujours interceptée, et que, depuis Huningue jusqu'à Coblentz, c'est-à-dire, sur une ligne de plus de quatre-vingts lieues, il n'y a pas une seule rivière navigable, qui prenne son cours de l'intérieur de la France vers ce fleuve. Ce ne fut qu'avec les plus grands efforts, que, pendant la dernière guerre, nous parvînmes à faire subsister nos armées sur cette partie de frontière, et à plusieurs époques; les hommes et les chevaux périrent en grand nombre, faute d'une bonne nourriture.

En 1792, peu après que le général en chef Custine se fut rendu maître de Mayence, il employa tous les moyens dont il pouvait user, comme conquérant d'une grande partie du Palatinat et du Hundsruck, afin d'approvisionner cette place. Lorsqu'elle fut investie par les Prussiens, on en fit sortir toutes les bouches inutiles, ainsi que les personnes qui ne s'étaient pas déclarées pour nous; on puisait dans les caves, dans les greniers et dans les magasins de ces derniers, et cependant, faute de vivres, dont l'ennemi parvenait à détruire une partie par le bombardement, Mayence fut réduite à se rendre, ses fortifications se trouvant encore intactes.

En 1793, lorsque les Autrichiens n'étaient qu'à quelques lieues de Strasbourg, cette place ne renfermait pas de vivres pour quinze jours, et plus d'une fois nos forteresses, dans le Haut et Bas-Rhin, se trouvèrent dans le même cas aux momens les plus critiques. C'est donc sur la frontière du Rhin que nous avons le plus d'intérêt de suivre, pour sa défense, *un système qui réunisse à la force la plus grande économie, soit en hommes, soit en tout objet d'approvisionnement.* Appliquons ce principe à la question.

c.) Sous les rapports de l'économie de l'état, de la force de la garnison et de celle de la population de cette place.

Les ouvrages fortifians de Mayence présentent un développement des plus démesurés. Une garnison de dix-huit à vingt mille hommes est à peine suffisante pour défendre cette place ; il lui faut trois cents à trois cent cinquante bouches à feu, une quantité immense de munitions, plus de trois cent mille palissades ; sans compter l'immense quantité de vivres, de bois et d'autres objets nécessaires à sa nombreuse garnison, au moins pour cinq à six mois.

Une partie des fortifications de Mayence, construites à des époques très-reculées, menacent déjà ruine, pendant que d'autres ne sont pas encore achevées ; les bâtimens militaires, tels que casernes, hôpitaux, magasins et autres, y manquent en très-grande partie, et aucun ne se trouve assuré contre les projectiles incendiaires, quoique cette forteresse soit, par sa position, exposée à être brûlée de la rive droite du Rhin.

Ajoutons encore qu'il est très-probable que, sous la protection d'une puissante nation, la population de Mayence acroîtra insensiblement à quarante ou cinquante mille habitans, et comment supposer que ce nombre soit en état de se pourvoir, d'un moment à l'autre, des vivres et autres objets nécessaires pour un long siège ? On connaît au reste les difficultés qui se présentent dans la défense des villes d'une forte population, et renfermant beaucoup de commerce. Presque toujours l'esprit des habitans, portés à rendre la place le plutôt possible, influe sur la garnison, affaiblit sa vigueur, et rapproche le terme de la reddition, s'il ne produit pas des effets encore plus fâcheux.

Supposons que, nonobstant ces inconvéniens, que présente Mayence comme forteresse, le gouvernement se décidât aux dépenses indispensables pour en faire une place formidable ; la situation de nos fonds publics, et la force de nos armées nous permettraient-elles de l'entretenir en tout tems dans un tel état ? En voulant remédier, par des changemens et augmentations des ouvrages fortifians, aux défauts que présentaient plusieurs villes anciennement fortifiées, soit dans leur emplacement, soit dans leur forme et extension, nous n'avons pas seulement augmenté le nombre des forteresses qui doivent leur renommée au hasard de n'avoir jamais été attaquées, mais nous nous sommes encore mis dans la presque impossibilité de les entretenir en bon état, et de pourvoir en tems de guerre à leur approvisionnement.

En fait de guerre, les demi-mesures sont les plus dangereuses, et tournent ordinairement contre celui qui les emploie; et qu'elles seraient pour nous leurs suites fâcheuses, si un jour Mayence, faute d'être suffisamment approvisionnée, tombait au pouvoir de l'ennemi, sans qu'il eût été forcé d'en faire le siège? Ce serait une perte incalculable pour la France; car, quoique cette place nous présente, par sa position, peu d'utilité, cette même position la rend au contraire de la plus haute importance pour l'ennemi, à qui elle donnerait pied sur notre territoire, et qu'elle seconderait puissamment dans la poursuite des ses conquêtes; les plus grands efforts de notre part seraient peut-être infructueux pour lui arracher cette possession, ainsi que nous en avons eu la preuve dans cette dernière guerre. Pour rendre cette vérité encore plus sensible, faisons-en l'application à *Kehl*, quoique ce soit dans un sens opposé. Deux fois nous nous sommes rendus maîtres de ce fort dans un espace de quelques heures seulement, et, pour nous le reprendre, il fallut aux Autrichiens une armée et un siège en forme de quarante jours de tranchée ouverte.

d.) Sous le rapport de l'offensive.

Après avoir considéré Mayence sous le point de vue de la défensive, il nous reste encore de l'examiner sou le rapport de l'offensive. La grande extension de cette place la rend propre à renfermer l'artillerie, les munitions, les vivres et généralement tous les objets nécessaires pour soutenir une armée dans ses opérations, lors d'une incursion en Allemagne. Par sa position sur le bord du Rhin, elle est capable de protéger un passage de ce fleuve, que l'on tenterait de vive force; étant enfin située près de l'embouchure d'une rivière, et d'autres débouchés qui conduisent dans le cœur de l'Allemagne, elle offre, au premier coup-d'œil, les plus grands avantages; mais ces avantages disparaissent par la seule considération de sa position, distante seulement de deux à trois cents toises (500 mètres) de la rive droite du Rhin, et qui l'expose aux projectiles incendiaires de l'ennemi, sans qu'il ait besoin de passer ce fleuve.

Peut-être objectera-t-on que l'ennemi ne voudrait pas employer ce moyen contre Mayence, avant de se trouver dans le cas d'en faire le siège, crainte que nous n'usions de représailles en brûlant les villes placées sur le bord opposé. Mais serait-il de notre intérêt d'incendier indistinctement des villes qui, lors d'un passage du Rhin, pourraient être d'une grande ressource à nos armées, sans compter que, par ces procédés, nous exposerions aux mêmes traitemens nos villes placées sur la rive gauche?

Pour mieux juger de cette question, supposons que l'ennemi possédât une grande place de guerre sur la rive droite du Rhin, renfermant des dépôts considérables en artillerie, munitions, et tous les objets propres à alimenter une armée destinée à une invasion en France; supposons encore, que par des traités de paix il ne nous fût pas même permis d'opposer à cette place quelques ouvrages propres à empêcher un passage de vive force; il n'y a nul doute que notre sûreté ne commandât, non-seulement de nous porter, dès le moment d'une apparence de guerre, vis-à-vis cette place, mais aussitôt que la guerre serait déclarée, d'employer tous les moyens pour incendier les dépôts qu'elle renferme, et que l'on aurait imprudemment exposés à nos feux. On conviendra au contraire que notre situation serait beaucoup plus embarrassante, si ces dépôts se trouvaient dans une place de troisième ligne, dont ils pourraient être dirigés sur plusieurs points de la frontière, et que cette place soit enfin tellement couverte par les forteresses de première et deuxième ligne, pour qu'elle fût inaccessible à nos armées, même après un passage du fleuve, et une campagne victorieuse.

On pourrait encore dire que l'attitude imposante de Mayence, appuyée par un fort sur l'île de St.-Pierre, et la forte garnison de cette place, nous assurerait pour ainsi dire le passage du Rhin, ainsi que les moyens de nous retrancher à Cassel ; mais en accordant que nos dispositions militaires nous donnassent, dès le moment de la rupture de la paix, cette supériorité sur l'ennemi ; sommes-nous sûrs de la conserver pendant la durée d'une guerre ? et si nous l'étions, alors Mayence deviendrait absolument inutile comme forteresse ; des batteries placées sur le Rhin suffiraient pour un passage de vive force, et nos arsenaux, nos ateliers, et nos magasins seraient plus sûrs dans toute ville ouverte, située à deux ou trois mille toises de la rive ennemie, que dans une place à triple enceinte, mais exposée à être incendiée de cette même rive.

Conclusion.

D'après toutes ces condérations, nous le demandons, peut-il encore être question, s'il est de l'intérêt de la France de conserver une forteresse, qui, sous tous les rapports, présente les plus grands inconvéniens, qui seule coûterait peut-être autant, pour être terminée, que la construction d'une place moyenne, *purement forteresse*, telle qu'il conviendrait pour être en première ligne; qui demande enfin plus de troupes et plus d'approvisionnemens que six forteresses placées d'après les principes établis, et suffisantes pour couvrir en première ligne, trente-six à quarante lieues de frontières.

Nous nous croyons donc entièrement fondés à conclure que la possession de Mayence, dans l'état de grande place de guerre, serait plutôt un mal qu'un bien pour la conservation de la nouvelle frontière, et que l'intérêt de la France est de mettre simplement cette ville sous la protection de deux forts, dont l'un serait placé sur la pointe de l'île de St.-Pierre et l'autre vis-à-vis l'embouchure du Mein, en conservant néanmoins à Mayence une simple enceinte pour l'assurer contre un coup de main.

Dans la construction de ces nouveaux forts, on pourrait mettre à profit les idées nouvelles dont l'exécution procurerait une résistance plus forte avec une garnison moins considérable ; forcerait l'ennemi à prolonger de beaucoup le tems d'un siège ; l'obligerait à amener plus d'artillerie, plus de munitions pour l'attaque ; lui rendrait impossible l'incendie des magasins, et donnerait enfin aux bâtimens militaires le triple avantage de servir en même tems de logemens, et de magasins, de se trouver à l'abri des bombes, et de jouer un rôle marquant parmi les ouvrages fortifians.

BIBLIOTHEQUE NATIONALE DE FRANCE
3 7531 03964375 5

www.ingramcontent.com/pod-product-compliance
Ingram Content Group UK Ltd.
Pitfield, Milton Keynes, MK11 3LW, UK
UKHW020403250726
13967UKWH00005B/2445

9 782013 394413